AF459517

SOUVENIRS DU PAYS.

MOLIÈRE A NANTES.

PROJET D'UNE SCÈNE DRAMATIQUE, EN COMMÉMORATION DU SÉJOUR DE MOLIÈRE A NANTES EN 1648 (1).

PERSONNAGES :

MOLIÈRE.
M.me DE SÉVIGNÉ (2).
M. HARROUIS DE LA SEILLERAYE.
Le marquis RAGAULT DE LA HAUTIÈRE.
M. DE LA PAPIONNIÈRE, *docteur en médecine.*

La scène se passe à Nantes, dans un salon de M. d'Harrouis.

I.

M.me DE SÉVIGNÉ, *écrivant.*

Relisons cette lettre à M. de Sévigné.... A peine mariés, déjà loin l'un de l'autre.... Nous nous étions rendus aux Rochers avec les plus belles intentions d'une vie heureuse et tranquille; mais l'isolement a motivé des affaires.... on est retourné à Paris, et je suis restée seule.... Alors j'ai

(1) Cette scène, ou plutôt cette conversation, n'est, à peu de chose près, qu'une compilation. Je ne me suis pas senti l'audace de prêter à Molière et à M.me de Sévigné un langage qui ne leur appartint pas, et ce langage je l'ai pris dans leurs ouvrages ou dans ceux de leurs commentateurs.

(2) Dans ce premier voyage à Nantes, M.me de Sévigné était âgée de 22 ans, et mariée depuis quatre ans.

voulu revoir *le Buron*, ce vieux château de la famille, et me voilà à Nantes.... Quel jour que celui qui ouvre l'absence, et quelle tristesse d'aller chacun de son côté, quand on pourrait rester si bien ensemble!... Relisons :

« Nantes, le 1.er mai 1648.

» L'impatience que j'ai d'avoir de vos nouvelles, monsieur le marquis, n'est pas médiocre : aussi, comme bon exemple, e vous donne tout d'abord des miennes....

» Mes amis ont été dans des peines de moi dont je leur suis trop obligée : ils ont fait l'honneur à la Loire de croire qu'elle m'avait abymée... Hélas! la pauvre créature, je serais la première à qui elle eût fait ce mauvais tour : je n'ai eu d'incommodité que parce qu'elle n'est pas assez profonde... Les eaux sont si basses, et j'ai été si souvent engravée que je regrette notre équipage... Quoi qu'il en soit, mais non sans peine, je suis arrivée à Nantes dans une belle soirée, au pied de ce grand château que vous connaissez, au même endroit par où se sauva notre cardinal... Nous entendons une petite barque; on crie : *Qui va là?* J'avais ma réponse toute prête; et, en même temps, je vois sortir par la petite porte M. le lieutenant du roi, avec cinq ou six flambeaux de poing devant lui, accompagné de plusieurs nobles, qui vient me donner la main. Je suis assurée que, du milieu de la Loire, cette scène était admirable : elle donna une grande idée de moi à mes bateliers. Je soupai fort bien dans l'antique castel, et j'allai coucher chez M. d'Harrouis, où je trouvai un appartement tout préparé. Je suis depuis plusieurs jours chez ce digne magistrat nantais...

» Ce bon M. d'Harrouis, je l'aime comme vous savez, de l'amitié la plus vraie, et je me divertis à l'observer. Je voudrais que vous vissiez cet esprit supérieur à toutes les choses qui sont l'occupation des autres, cette humeur douce et bienfaisante, cette âme si grande qu'elle me paraît un vrai modèle pour faire celle des rois, une de ces âmes si franches, si

Ce serait à n'y pas tenir, si l'on ne se permettait un peu de rire de son prochain. Or, il est plaisant ici, le prochain, particulièrement quand on a dîné....

» Il faut cependant avouer que la maréchale de Melleray, à ma réception, avait un costume qui fixait tous les regards. Elle était tout habillée de points de France, coëffée de mille boucles; les deux des tempes lui tombaient fort bas sur les joues; des rubans noirs à la tête, des perles blanches, embellies de boucles et de diamants de la dernière beauté, trois ou quatre poinçons, point de coëffe: en un mot, une parure triomphante, à faire l'admiration de tous nos Bretons.... Pour moi, j'avais une robe de taffetas brun piqué, avec des campagnes d'argent un peu relevées aux manches et au bas de la jupe; mais ce n'est plus la mode, et je ne m'exposerai pas une seconde fois à être ridicule à Nantes, où les dames sont d'une élégance qui le dispute à Paris.... Il est vrai que ces dames peuvent avoir de belles robes, car le commerce y est fort riche et les emplois s'y paient fort cher.... et, à ce dernier sujet, il faut croire qu'il passe autant de vin dans le corps de nos Nantais que d'eau sous leurs ponts, puisque c'est là-dessus qu'on prend l'infinité d'argent qui se donne....

» On dit que l'espérance est si jolie! ah! il faut qu'elle le soit encore au-delà de ce qu'on dit, pour nourrir, comme elle le fait, plus de la moitié du monde.... Aussi suis-je une des plus attachées à sa cour.... Sans cela resterais-je plus long-temps loin de vous.... Adieu, celles qui vous aiment plus que moi, vous aiment trop.... »

II.

M.me DE SÉVIGNÉ ET M. D'HARROUIS.

(*M.me de Sévigné en cachetant sa lettre et apercevant M. d'Harrouis.*) — Ah! bonjour, mon bon M. d'Harrouis....

M. d'Harrouis. — Ainsi, belle dame, vous écrivez pour échapper à l'ennui qui vous tient parmi nous?....

M.me de Sévigné (*se levant.*) — Pour cela, il faudrait haïr les Bretons.... Tandis que je les aime.... On médit de nos Bretons, Monsieur; on médit de toute cette forte population que nos beaux esprits de la cour voudraient représenter comme ayant à peine figure humaine.... Et cependant ne voyons-nous pas figurer admirablement dans l'armée tous les hommes de cette province?... Voyez comme le régiment de Carman est beau!... Ce sont tous Bas-Bretons, forts et solidement bâtis, à l'air martial, qui n'entendent pas un mot de français, sauf quand on leur fait faire l'exercice, qu'ils font d'aussi bonne grâce que s'ils dansaient des passe-pieds : c'est un plaisir de les voir. Je crois que c'était de ceux de cette espèce que Bertrand Duguesclin disait qu'il était invincible à la tête de ses Bretons?

M. d'Harrouis. — Oui; mais, en ce moment, au lieu d'aller combattre l'ennemi de la France, ils ne font la guerre qu'à leurs compatriotes!

M.me de Sévigné. — Les troupes abondent dans notre pauvre province.... Est-elle donc si méchante!... Et la rigueur excessive est-elle un moyen de la calmer!... N'y pouvez-vous rien, mon cher M. d'Harrouis....

M. d'Harrouis. — En gémir.... Non sans me plaindre, d'autant qu'on oblige la ville à habiller bon nombre des soldats aux dépens des deniers municipaux.

M.me de Sévigné. — Les troupes vivent, ma foi, ici, comme dans un pays de conquête, nonobstant notre bon mariage avec Charles VIII et Louis XII.... Ils oublient que la Bretagne s'est donnée, mais qu'elle n'a pas été conquise....

M. D'HARROUIS. — Le peuple ne l'oublie pas, lui.... Et l'on jette ainsi en son cœur des ferments de discorde dont nos fils pourront bien devenir les victimes....

M.me DE SÉVIGNÉ. — Le peuple !... Qu'ils y prennent garde !... C'est un pressoir que l'on serre jusqu'à ce que la corde se rompe....

M. D'HARROUIS. — Parlons d'autre chose.... Non pas que ce sujet ne m'intéresse ; mais je craindrais de ne pas maitriser mes emportements.... Cherchons donc une conversation moins pénible que les affaires de l'état.... Vous n'avez pas encore vu la troupe de comédiens du Jeu de Paume ?... Ce n'est qu'une troupe ambulante ; mais son directeur se présente bien, parle avec grâce, a de l'aisance, quoiqu'il soit grave et sérieux, hors la scène au moins, tant il semble recueilli dans sa pensée et ses observations ; son regard semble vous scruter jusqu'au cœur ; ses manières sont simples et naturelles, et j'aime, dans ses paroles, cette honnête hardiesse, empreinte de je ne sais quelle froide et rêveuse mélancolie qui inspire l'intérêt.... Ses acteurs ne sont pas sans mérite : ils excellent dans le genre comique.... Ce directeur doit venir ce matin même ici, pour me demander une démarche auprès du maire : et je veux vous le présenter....

M.me DE SÉVIGNÉ. — Très-volontiers....

III.

M.me DE SÉVIGNÉ, M. D'HARROUIS, MOLIÈRE.

Un valet annonce : « Le sieur Molière! » *Molière entre et salue.*

M. D'HARROUIS (*en le présentant à M.me de Sévigné.*) — Nous parlions de vous, Monsieur.

M.me DE SÉVIGNÉ. — Et de vos succès,

Molière. — Madame, on les arrête, et je venais prier M. d'Harrouis, si obligeant déjà pour moi, de plaider ma cause auprès du maire de Nantes; car on fait trop peu de cas de nous pour écouter nos réclamations.... Un arrêté du bureau de la ville suspend mes représentations....

M. d'Harrouis. — Cela n'est pas possible....

Molière. — Voici pourtant ce qu'on vient de me signifier officiellement... (*Il lit:*) « Sur ce qui a été représenté » au bureau que monseigneur le maréchal de la Melleraye, » notre gouverneur, est détenu au lit de maladie corporelle » et en danger de sa personne, défenses sont faites aux comé- » diens de continuer à monter sur le théâtre jusqu'à ce » qu'on ait nouvelles de sa convalescence. »

M. d'Harrouis. — Vous aviez cependant l'autorisation de jouer?

Molière. — Assurément.... J'ai cette autorisation depuis mon arrivée à Nantes.... L'arrêté qui me la donne est conçu dans tous les termes sacramentels. (*Il le tire de sa poche.*)

M.me de Sévigné. — Voyons....

Molière, *lisant:* « Du samedi vingt-cinquième jour » d'avril, mil six cent quarante-huit, après deux heures » de l'après-midi, en la maison commune de la ville de » Nantes. — Ce jour est venu le sieur Molière, qui a sup- » plié très-humblement MM. du bureau de lui permettre de » faire monter sa troupe sur le théâtre, pour représenter » ses comédies. Sur quoi, de l'avis commun du bureau, a » été arrêté que la troupe desdits comédiens, à la charge » de se comporter sagement et sans scandale, est autorisée » à monter sur le théâtre, demain dimanche, et à se servir » de Guillaume Desnau, tambour ordinaire de la ville, » pour faire battre le tambour par la ville, faubourgs et

» marchés, afin d'annoncer lesdites comédies; — Et seront » taxées, savoir: pour les pièces nouvelles qui n'auront » jamais été représentées en cette ville, 15 sous tournois » par personne, et pour celles qui ont déjà été représentées, » 10 sous par personne. — Signé: JACQUES DE BOURGUES, » *seigneur de la Jaunais, maire de Nantes;* CLAUDE JUCHAULT » DU PERRON, *sous-maire;* GUILLAUME MACÉ DE LOUSSE- » LINIÈRE, MATHURIN RABEAU DE LA GRIVIÈRE, *échevins;* » ALAIN DELUEN DU CLOS, *greffier;* ESTIENNE TOURAINE, » *procureur-syndic.* »

— Vous le voyez, rien n'y manque, pas même les armes du maire, à trois tours d'or et cinq coquilles d'argent; cependant, revenant sur une décision prise, on me force à une inaction fatale à mes camarades et à tous mes employés....

M.me DE SÉVIGNÉ. — Tranquillisez-vous. M. d'Harrouis arrangera tout cela, avant même que vous sortiez de chez lui....

M. D'HARROUIS. — Certainement.... (*Il sonne, et un valet entre.*) Qu'on passe chez M. de la Papionnière et qu'on le prie de me donner des nouvelles de monseigneur le Maréchal. (*Le valet sort*).... C'est son médecin.... Je verrai ensuite M. de Bourgues, et nous tâcherons de lever tous les obstacles....

MOLIÈRE. — J'en ai besoin.... Car, enfin, ne me faut-il pas lutter, pour attirer le public, contre un misérable spectacle de marionnettes, qui, sous la direction d'un certain vénitien, du nom de Dominique Ségala, attire beaucoup mieux que mes comédies, toutes les belles dames de Nantes. Elles s'y rendent en foule, sous le prétexte d'y conduire leurs enfants.... Il faut ainsi, pour soutenir la rivalité, que je donne arlequinades pour arlequinades....

M. D'HARROUIS. — Vous réussiriez mieux peut-être en

pour leur fille est presque toujours un imbécille, un magot, tandis que l'amant que la fille a choisi elle même, est un modèle de grâce et de perfection: c'est le hazard qui le lui a présenté dans un cercle ou sur une promenade, et la première entrevue a été signalée par quelque service éclatant, par quelque trait de courage et de générosité de la part du jeune homme: c'est un ange envoyé du ciel pour consoler l'innocente créature, pour lui donner la force de résister à la tyrannie de son père ... Si les pères sont si absurdes et les filles si raisonnables dans leur choix, il en résulte que c'est à la sagesse des filles qu'il faut uniquement s'en rapporter pour leur établissement, et que la sottise des pères n'est propre qu'a tout gâter....

M.me DE SÉVIGNÉ. — Pour un homme raisonnable, il y a là de l'exagération....

M. D'HARROUIS. — Mais, du moins, de pareilles comédies ne sont-elles pas propres à tourner la tête aux jeunes personnes? Leur imagination exaltée ne se représente que des héros de romans. Un garçon sage, instruit dans son état, bien établi, n'est à leurs yeux qu'un malotru, quand il n'a pas la jambe bien faite, quand il ne sait pas jouer la passion et débiter un compliment avec grâce.... Espérons qu'on aura le courage de dire, même dans une comédie, qu'un homme simple et mal tourné peut faire un bon mari, en dépit du théâtre et des romans....

MOLIÈRE. — On le dira quand on croira, en parlant ainsi, pouvoir se faire écouter... Mais, dites-moi, le moyen, de nos jours, de se faire écouter avec des paroles dignes et graves, surtout au théâtre... Monsieur, plusieurs de ces valets insolents et fripons, dont vous ne voyez que la bouffonnerie dans mes comédies, prêchent souvent, dans leurs maximes proverbiales, une morale qui porte son fruit, et dont les paroles ont d'autant plus d'autorité qu'on ne s'en défie pas et qu'elles paraissent ainsi moins sentencieuses.... Mais, faute d'examen et de réflexion, on ne veut voir dans mes ouvrages que des comédies plaisantes ou immorales : on prend la forme pour le fond.... Quoi qu'il en soit, en vous écoutant, Monsieur, je sens ma mission s'agrandir, et, croyez-le bien, je n'oublierai jamais que le premier emploi de la comédie est de corriger les mœurs, sans pouvoir accorder que le comique de mes pièces ne soit qu'un sacrifice au goût populaire. Les plus beaux traits d'une morale sérieuse ront moins puissants que ceux de la satyre, et rien ne reprend mieux la plupart des hommes que la peinture de leurs défauts. C'est une grande atteinte aux vices que de les exposer à la risée de tout le monde. On souffre aisément des répréhensions, mais on ne souffre point la raillerie : on veut bien être méchant, on ne veut pas être ridicule.

M.me DE SÉVIGNÉ, *à M. d'Harrouis.* — Vous êtes sévère : vous blâmez la bouffonnerie à la comédie, et cependant vous y allez...

M. D'HARROUIS. — Je ne nie pas le plaisir que j'y trouve : c'est un noble délassement ; mais ce fut, hier, pour moi, un fatal plaisir... J'étais sur la scène, dans l'intention de mieux entendre, suivant l'usage. Les acteurs commencent : chacun veut écouter, et, par un chut prolongé, sollicite le silence, lorsqu'un homme bruyant entre brusquement, en criant : Holà ! oh ! un siége ! et, dans l'endroit le plus intéressant, il surprend et trouble par son imprudent éclat.... Ainsi nos Français ne prendront jamais l'air de gens sensés, et chaque jour ils confirment ce que l'Europe pense de nous... Pour moi, je haussai les épaules et me joignis au public pour engager les acteurs à continuer... mais l'homme au tapage en impose par ses éclats, et, faisant plus de bruit encore, il traverse le théâtre et va s'asseoir au beau milieu, cachant les acteurs aux trois quarts, quoiqu'il y eut place de chaque côté... Un murmure violent s'élève aussitôt. Il n'en prend souci, et se serait tenu comme il s'était posé, si, pour mon infortune, il ne m'eut aperçu... Alors, s'approchant de moi, il me fait un sommaire de la pièce, scène par scène, en me récitant tout haut, avant l'acteur, tous les passages qu'il sait de mémoire... Vainement j'essaie de me débarrasser de cet importun : il ne me laisse que quelques scènes avant la fin, car les gens du bel air se gardent bien d'attendre le dénouement... C'était le marquis de la Hautière...

Molière. — Voilà nos juges....

IV.

LES PRÉCÉDENTS, LE MARQUIS DE LA HAUTIÈRE.

M. d'Harrouis. — Eh! mon Dieu, c'est lui-même.

M.me de Sévigné, *à demi-voix*. — Avec lui, tout le bel air devait être sur le théâtre : le voilà ceinturé comme son esprit....

M. d'Harrouis (*au marquis*). — Il faut aussi que je vous présente le directeur de la comédie.

Le Marquis (*d'un ton leste*). — J'ai vu déjà Monsieur... Il m'est venu prier de faire valoir sa troupe, et j'ai conduit à son théâtre tous les hommes qui donnent le ton à Nantes, dans la noblesse et dans la meilleure bourgeoisie, Compludo de Livernière, Simon de la Folie, Chesneau de Châteaugaillard, Boutin de la Cour, Jarnigan de Villevert, Jean de Santo-Domingo, Boislève de la Pageaudière, Brenezay de Carcouet, Brossard de la Trocardière, Bonaventure de la Bretonnière, Maillard de la Minguaye, La Tullaye de la Jaroussaye, Dugué de Bois-Lorens, Nicollon de la Chasseloire, Lemarié de la Barbarie, Couprie de la Bougerie, Gauvain de la Jousselinière, Nidelet du Bois-Chapelays, Frain de la Marqueraye, Bruneau de la Ville-au-Blanc, Moreau de Belabord, Nicolas de la Pellouie, Fourché de la Courrousserie, Adam de Tartifume, De la Fuye de la Nantaiserie, François de Beau-Soleil, Nicodême de Bonacquest....

Molière. — Je suis, Monsieur le marquis, fort reconnaissant de tant de complaisance.... De tels personnages ne peuvent que m'honorer, et le nombre en est si considérable que ma fortune est faite, si tous viennent à mon spectacle... Les derniers noms surtout ont une heureuse redondance : de la Courrousserie, de Beau-Soleil, Nicodême de Bonacquest, Adam de Tartifume.... aussi n'ai-je eu garde de manquer d'aller réclamer vos bons offices...

Le Marquis. — C'est la coutume ici comme à Paris, qu'à nous autres gens de bon ton, les comédiens viennent présenter leur répertoire et le tableau de leur troupe, afin de nous engager à les soutenir... Autrement, nous sifflons impitoyablement... Demandez plutôt... Il faut que le directeur, bon gré, malgré, en passe par ce que nous voulons; car je vous laisse à penser si, quand nous disons quelque chose, le parterre ose nous contredire?... Pour moi, j'y suis fort exact, et quand j'ai promis mon appui, je crie toujours : Voilà qui est beau! devant que les chandelles soient allumées. . . . . Malheureusement, les comédiens de province ne savent rien faire valoir : ce sont des ignorants qui récitent comme l'on parle...

M.me de Sévigné. — Il me semble que c'est la meilleure manière...

Le Marquis. — Du tout... Ils ne savent pas faire ronfler une tirade, et s'arrêter au bel endroit... Et le moyen de connaître où est l'effet, si le comédien ne s'y arrête, et ne vous avertit pas là qu'il faut faire brouhaha?... (*S'adressant à*

Molière.) Pour moi, Monsieur, je suis fâché de vous le dire, mais votre dernière comédie m'a paru détestable.

M. d'Harrouis. — Et pourquoi?

Le Marquis. — Pourquoi elle est détestable?

M. d'Harrouis. — Oui.

Le Marquis. —Parce qu'elle est détestable.

M. d'Harrouis. —Mais encore faudrait-il nous en dire les défauts, ne fût-ce que pour montrer à l'auteur comment faire mieux...

Le Marquis. — Parbleu, je ne prendrai pas cette peine... Croyez-vous que j'ai perdu mon temps à écouter... Toujours est-il que je ne connais rien de si méchant... et tous mes amis, avec lesquels j'ai causé pendant la représentation, ont été de mon avis...

M.me de Sévigné. — Je le conçois...

Le Marquis. —Pour juger, il ne faut que voir les continuels éclats de rire que le public y fait.

M.me de Sévigné. — Seriez-vous donc, Monsieur le marquis, de ces messieurs du bel air qui ne veulent pas que le parterre ait du sens commun, et qui seraient fâchés d'avoir ri avec lui, fût-ce de la meilleure chose du monde?... Apprenez donc que le bon sens n'a pas de place déterminée, à la comédie ; que la différence du premier banc à la place au moindre prix ne fait rien du tout au bon goût; que partout on peut donner un mauvais jugement, et qu'enfin, à le prendre en général, je me fierais assez à l'approbation du parterre, par la raison qu'entre ceux qui le composent, il y a plusieurs qui sont capables de juger selon les règles, et que les autres en jugent par la bonne façon, qui est de se laisser prendre aux choses, et de n'avoir ni prévention aveugle, ni complaisance affectée, ni délicatesse ridicule... Après cela, il y en a beaucoup que le trop d'esprit gâte, qui voient tout mal à force de lumière, et qui seraient bien fâchés d'être de l'avis des autres.

Molière. — M. d'Harrouis m'a fait une critique bienveillante, toute de franchise, et que j'ai accueillie avec reconnaissance : il me sera permis de ne pas accepter celle de monsieur le marquis.

M.me de Sévigné. — Après tout, le public ne se trompe guère : il loue quand on fait bien, et, comme il a bon nez, il n'est pas long-temps la dupe, et blâme quand on fait mal ; de même, quand on va du mal au bien, il en demeure d'accord ; il ne répond pas de l'avenir, il parle de ce qu'il voit...

Le Marquis. — Pour moi, je ne comprends pas que l'on ait plaisir à plaire à des sots et à être touché des applaudissements de quelques gens stupides. Il est vrai que le goût du public est étrangement gâté, et que le siècle s'encanaille furieusement... Un auteur qui se respecte ne doit rechercher que les suffrages des personnes qui sont capables de sentir les délicatesses de l'art, qui savent faire un doux accueil aux beautés d'un ouvrage, et, par de chatouillantes approbations, montrer qu'elles en apprécient les beautés ; car ce sont douceurs exquises que des louanges éclairées..... Pour ce qui est de mon jugement, si l'on ne m'en croit, l'on en croira du moins l'un de nos professeurs les plus savants. Or, il affirme, d'après Aristote et Horace, que les pièces de Monsieur pèchent contre toutes les règles de l'art...

Molière. — C'est un moyen comme un autre d'embarrasser les ignorants... A ouïr parler ces Messieurs, il semble que ces règles de l'art soient les plus grands mystères du monde ; et cependant ce ne sont que quelques observations aisées, que le bon sens a faites sur ce qui peut ôter le plaisir que l'on prend à ces sortes d'ouvrages, et le même bon sens, qui a fait autrefois ces observations, les fait aisément tous les jours, sans le secours d'Horace et d'Aristote. Je voudrais bien savoir si la grande règle de toutes les règles n'est pas de plaire, et si une pièce de théâtre qui a attrappé son but, n'a pas suivi un bon chemin ?... Voyez ce pauvre Monsieur de la Menardière, votre compatriote ; sa tragédie d'*Alinde* était composée suivant tous les principes du genre ; le public a sifflé à outrance... Si les pièces qui sont suivant les règles ne plaisent pas, il faudrait, de nécessité, que les règles eussent été mal faites... C'est une pure chicane, à laquelle on veut assujétir le goût du public... Consultez dans une comédie l'effet qu'elle produit sur vous, et ne cherchez pas de raisonnement pour vous empêcher d'avoir du plaisir... Ce raffinement mystérieux nous amènerait à ne nous plus croire ; nos propres sens seraient esclaves en toute chose, et nous n'oserions plus trouver rien de bon sans le congé de MM. les experts... Ce n'est pas mon dessein d'examiner maintenant si mes comédies peuvent être mieux, et si tous ceux qui s'y sont divertis, ont ri selon les règles. Le temps viendra de faire imprimer mes remarques sur les pièces que j'aurai faites, et je ne désespère pas de faire voir un jour, en grand auteur, que je puis citer Aristote et Horace. En attendant cet examen, qui peut-être ne viendra jamais, je m'en remets assez volontiers aux décisions de la multitude, et je tiens aussi difficile de combattre un ouvrage que tout le public approuve, que d'en défendre un qu'il condamne...

M. D'HARROUIS. — Tout le monde, il faut bien l'avouer, ne vous approuve pas. Ainsi certaine belle dame ne disait-elle pas l'autre soir qu'elle ne pouvait concevoir qu'on trouvât de l'agrément dans des pièces qui tiennent sans cesse la pudeur en alarmes... C'était de la pruderie, et rien de plus...

MOLIÈRE. — Sans doute, de la pruderie ; car l'honnêteté

d'une femme ne réside pas dans ces grimaces. Il sied mal de vouloir être plus sage que celles qui sont sages. L'affectation, en cette matière, est pire qu'en toute autre, et je ne vois rien de si ridicule que cette délicatesse d'honneur qui prend tout en mauvaise part, donne un sens criminel aux plus innocentes paroles et s'offense de l'ombre des choses. Celles qui font tant de façons n'en sont pas estimées plus femmes de bien. Au contraire, leur sévérité mystérieuse et leurs grimaces affectées irritent la censure de chacun contre les actions de leur vie. On est ravi de trouver ce qu'il peut y avoir à redire...

M. d'Harrouis. — J'appuie cette observation d'un exemple. Il y avait avant-hier, à votre comédie, des femmes vis-à-vis la loge où nous étions, qui, par les mines qu'elles affectèrent durant toute la pièce, leurs détournements de tête et leurs cachements de visage, firent dire de tous côtés cent sottises de leur conduite, que l'on n'aurait pas dites sans cela; et quelqu'un même des laquais cria tout haut qu'elles étaient plus chastes des oreilles que de tout le reste du corps...

M.me de Sévigné. — Eh ! Messieurs, tout se peut dire... Voici une petite histoire qui le prouve. Je vis un jour une grande dame jouer à la bassette : elle perdait considérablement; enfin, piquée au vif, elle dit ces belles paroles : « Si je perds une fois encore, je dirai de moi la plus grande » infamie qu'on puisse dire jamais. » Elle perdit, et, pour tenir sa parole, elle apprit à la compagnie qu'elle avait pris, ce matin là même, par avarice, un lavement qu'on lui avait apporté la veille, ne voulant point avoir fait une dépense inutile... (*On rit.*)

Le Marquis. — Oui, tout se peut dire, je n'en disconviens pas... Ainsi, dans un délicieux souper chez M. de la Sauzinière, on nous raconta toute une première nuit de noces.... D'abord....

M.me DE SÉVIGNÉ (*interrompant vivement*). — Je ne sais, en vérité, marquis, ce que l'on pourrait dire en mal d'une première nuit de noces ?... A peine arrivée à Nantes on m'a fait assister à un mariage.... J'ai été charmée de l'air et de la modestie de cette soirée... On mène la mariée dans son appartement, on apporte sa toilette, son linge, sa cornette ; elle se décoiffe, on la déshabille, elle se met au lit ; nous ne savons qui va, ni qui vient dans cette chambre ; chacun va se coucher ; on se lève le lendemain, on ne va point chez les mariés ; ils se lèvent de leur côté, ils s'habillent ; on ne leur fait point de sottes questions : Etes-vous mon gendre ? Etes-vous ma belle-fille ?.... Ils sont ce qu'ils sont... Tout est dans le silence et dans la modestie ; il n'y a point de mauvaise contenance, point d'embarras, point de méchantes plaisanteries, et voilà ce que je trouve la plus honnête et la plus jolie chose du monde....

LE MARQUIS. — Bien ! C'est l'exception... Mais la règle générale....

M.me DE SÉVIGNÉ (*vivement*). — Ah ! nous vous en dispensons... Sachez donc, Monsieur, qu'avec de l'esprit on n'expose jamais personne à rougir... car rougir est une persécution dont le diable afflige l'amour-propre... Et c'est toujours la chose qu'il faut le plus ménager dans le monde...

LE MARQUIS. — Mais....

M.me DE SÉVIGNÉ (*avec impatience*). — Eh ! Monsieur, je connais les manières des provinces, et je sais le plaisir qu'on y prend à nourrir des divisions : en sorte qu'à moins d'être toujours en garde contre certains discours des gens du monde on prend insensiblement leurs sentiments, et très-souvent c'est une injustice... Décidément laissons cela... (*A Molière*) On dit, Monsieur, que vous travaillez à une comédie en vers sur *l'étourderie?* Il faut que je vous cite un trait contre moi-même : voici ce que je fis l'autre jour : J'étais chez M. de Monty de la Chalonnière. Je vis, avant diner, au bout de la chambre, un homme que je crus être le maitre-d'hôtel : j'allai à lui, et lui dis : « Mon pauvre » Monsieur, faites-nous diner, il est une heure, je meurs » de faim. » — Cet homme me regarde et me dit : « Ma- » dame, je voudrais être assez heureux pour vous donner » à diner chez moi : je me nomme de la Peccaudière... » — C'était un gentilhomme, un vrai gentilhomme de Bretagne... Ce que je devins n'est pas chose que je puisse expliquer : je ris encore en me rappelant mon embarras...

LE MARQUIS (*à Molière*). — Enfin, Monsieur le directeur, qu'allez-vous nous donner?... *Ammon et Thamar*, de Chrestien?... *L'Amour Tyrannique*, le chef-d'œuvre de Scudéry?... *L'Amour Victorieux*, de Hardy?... *Les Amours d'Alcméon et de Flore*, de Bellonne?... *L'Artaxerce*, de Mayon?... *L'Aspasie*, de Desmarets?... *Orizelle*, de Chabrol?... *Parthenie*, de Baro?... *La Porcie Romaine*, de Boyer?... *Rhodes Subjuguée*, de Borée?... *Saint-Alexis*, de Desfontaines?... *Torquatus*, de Mareschal?... *Turnus*, de Brosse?... *Le Coriolan*, de Chevreau?

MOLIÈRE (*l'interrompant après avoir fait un signe négatif à chaque pièce*). — Ah! sans doute cette grande tragédie où l'on nous dit que

« La vie est une mer qui n'a point de reflux... »

Non, Monsieur, non, je suis forcé d'avouer que vous n'aurez aucun de ces chefs-d'œuvre : je ne vous donnerai que des pièces de ma façon, fort peu tragiques : *La Jalousie de Gros René*, *Gros René petit enfant*, *la Casaque*, *le Maître d'Ecole*, *le Docteur Pédant*, *le Fagoteux*, *Gorgibus dans le Sac*, *Grand Benêt de Fils*, *les Trois Docteurs Rivaux*, *le Docteur Pédant*, *le Docteur Amoureux*, *le Médecin Volant*, etc.

Mme de Sévigné. — Ainsi nous aurons le plaisir de la vengeance, celui de rire aux dépens de nos médecins, qui nous enseignent si bien la vertu de la patience.... Quelle forfanterie que leur art!.... C'est une cruelle chose que de mettre sa vie entre les mains d'un médecin qui croit fermement qu'il va prendre possession d'une souveraineté en quelque pays inconnu!....

Molière. — Un médecin est un homme que l'on paye pour conter des fariboles dans la chambre d'un malade jusqu'à ce que la nature l'ait guéri, ou que les remèdes l'aient tué....

Mme de Sévigné. — Ces jours derniers on me parlait d'un malade imaginaire qui s'est mis dans l'obéissance la plus complète de ces Messieurs : il compte tout.... Seize gouttes d'élixir dans une cuillerée d'eau : s'il n'y en a que quatorze tout est perdu.... Il prend une pilule : on lui a dit de se promener dans sa chambre ; mais il est en peine, et demeure tout court, parce qu'il a oublié si c'est en long ou en large....

M. d'Harrouis. — C'est précisément le personnage que Monsieur a mis en scène dans *le Médecin Volant*; mais c'est une arlequinade à refaire, et qui peut-être alors deviendra l'une de ses meilleures comédies (*Molière fait un signe affirmatif*)... Pour compléter le tableau de la Faculté, je vous recommande notre fameux docteur nantais, M. de la Papionnière....

V.

LES PRÉCÉDENTS ET M. DE LA PAPIONNIÈRE, *arrivé pendant la fin de la scène précédente.*

M. de la Papionnière. — Il paraît que j'arrive à temps.... Ici, comme à Paris, Madame, on s'entend fort raisonnablement à médire des absents.... Et vous aussi, notre grave et austère magistrat?.... (*Sourire général.*)

M.me DE SÉVIGNÉ. — Allons, docteur, ne vous fâchez pas.... Et, à propos, êtes-vous l'inventeur du remède contre la fièvre, au moyen duquel on espère mettre sur pied le maréchal de la Melleraye.... Si cela est, j'admirerai la bonté des médecins de ne le pas tuer, assassiner, déchirer, massacrer ; car, enfin, les voilà perdus : c'est leur ôter la vie que de tirer la fièvre de leur domaine.... N'est-il pas vrai, docteur ?

M. DE LA PAPIONNIÈRE. — Bien, bien, poussez votre auteur comique, qu'il rende tous les médecins ridicules... Nous verrons s'il en vivra plus long-temps... Mais est-ce une raison pour attaquer la médecine elle-même.... L'auteur dramatique a juridiction sur les médecins comme sur tous les autres hommes ; mais il ne lui est pas permis d'insulter l'art et de le rendre responsable des fautes de ceux qui l'exercent mal, parce qu'ils ne l'exercent pas méthodiquement.... Sachez que la médecine n'est pas un jeu d'enfant... Il n'est pas aisé de réparer le manquement et de rétablir ce qu'on a gâté : *perimentum periculosum....* C'est pourquoi il s'agit de raisonner auparavant comme il faut, de peser mûrement les choses, de regarder le tempérament des gens, d'examiner les causes de la maladie, et de voir les remèdes que l'on y doit apporter... En médecine, il ne faut jamais s'écarter des convenances et des formes consacrées par l'usage.... Pour moi, j'y suis sévère en diable.... L'on m'appela un jour dans une consultation où je ne voulus point endurer qu'on opinât si les choses n'allaient dans l'ordre.... Les gens de la maison faisaient ce qu'ils pouvaient, et la maladie pressait ; mais je n'en voulus point démordre, et le malade mourut pendant cette contestation....

Molière. — C'est fort bien fait d'apprendre aux gens à vivre, et je vous remercie, Monsieur le docteur, de cette bonne leçon....

M. de la Papionnière. — Un homme mort n'est qu'un homme mort, et ne fait point de conséquence ; mais une formalité négligée porte un notable préjudice à la science... Il vaut mieux mourir selon les règles que de réchapper contre les règles.... Je ne voudrais pas avoir guéri une personne avec d'autres remèdes que ceux que la Faculté permet.... Aussi lui ai-je soumis mon remède contre la fièvre, et je l'emploie, parce qu'il est approuvé....

Molière. — Pour moi, je trouve que l'exercice de la médecine est le meilleur de tous les métiers....

M. de la Papionnière (*avec une indignation concentrée*). Métier!.... Un comédien!....

Molière (*continuant sans l'entendre.*)—On n'est responsable d'aucun de ses actes.... Un cordonnier, en faisant des souliers, ne saurait gâter un morceau de cuir sans le payer ; mais un médecin peut gâter un homme sans qu'il lui en coûte rien. Les bévues ne sont point pour le médecin, et c'est toujours la faute de celui qui meurt.... Enfin, le bon de cette profession est qu'il y a parmi les morts une honnêteté, une discrétion, la plus grande du monde, et jamais on n'en voit un seul se plaindre du médecin qui l'a tué....

Le Marquis. — Après cela, le mal n'est pas grand d'exposer ces Messieurs sur le théâtre.... Les médecins font si souvent pleurer ! n'est-il pas heureux qu'ils fassent rire quelquefois?.... et puisqu'ils sont institués pour le rétablissement de la santé, ne peut-on pas dire que le plaisir qu'ils procurent dans la comédie, est un meilleur remède que le médicament qu'ils ordonnent dans la chambre?.... On leur abandonne le sang et la vie de chacun ; pourquoi ne les abandonnerait-on pas eux-mêmes aux comédiens dont la fonction est de purger les ridicules?.... Ils en deviendront moins graves, moins sérieux, moins sentencieux....

M. de la Papionnière. — Grâce à vos conseils, Monsieur le marquis, les médecins deviendront aimables, galants, enjoués, polis, élégamment vêtus, et figurant encore mieux dans les plaisirs de la société qu'au chevet d'un malade.... En attendant, vous trouverez bon qu'ils ne prennent pas part eux-mêmes aux plaisanteries faites à leurs dépens.... Monsieur d'Harrouis vient de me faire mander pour savoir des nouvelles de monseigneur de la Melleraye..... (*appuyant*) Grâce aux médecins, le maréchal va beaucoup mieux....

Molière. — Au moins je les bénirai une fois....

M. de la Papionnière. — C'est là tout ce qu'on voulait savoir de moi. (*M. d'Harrouis, faisant avec politesse un geste affirmatif*).... Alors, je me retire et vous fais ma très-humble révérence. (*Le docteur quitte la scène en saluant, mais brusquement*).

VI.

MOLIÈRE, M. D'HARROUIS, M.me DE SÉVIGNÉ, LE MARQUIS DE LA HAUTIÈRE.

M.me de Sévigné. — Décidément, nous avons eu tort d'accabler le docteur.... Au moins il y va franchement, et c'est chose assez rare pour qu'on lui pardonne tout le reste.... Mais, puisqu'en petit comité, nous prenons la liberté grande de passer en revue les travers, les vices, les ridicules de la race humaine, que Monsieur s'est chargé de traduire sur la scène comique, nous venons de voir la franchise en action, le contraste appelle l'hypocrisie à figurer à son tour.

M. d'Harrouis. — Cette tâche est scabreuse et veut du courage : c'est avoir affaire à forte partie.... En effet, on peut faire rire aux dépens des hypocrites à la comédie ; mais cela ne les empêchera pas de continuer d'obtenir les honneurs et les commandements.. .

Molière. — Je le sais.... l'hypocrisie est un vice à la mode, et tous les vices à la mode passent pour vertus. Le personnage d'homme de bien est le meilleur de tous les personnages qu'on puisse jouer dans le monde. Hypocrisie d'honneur, hypocrisie de bravoure, hypocrisie de religion, on abuse de tout, on se joue de ce que les mortels ont de plus saint et de plus sacré ; on se fait un manteau de tout ce qu'on révère.... Aujourd'hui, la profession d'hypocrite a de merveilleux avantages. C'est un vice privilégié qui jouit en repos d'une impunité souveraine.... Mais (*avec une grande expression*) il n'en jouira pas du moins dans le silence....

M.me de Sévigné. — Voilà qui est bien, Monsieur, vos paroles ont cet air de vérité que je maintiens toujours, qui se fait voir avec autorité, pendant que la fausseté et la menterie demeurent accablées sous les paroles, sans pouvoir persuader....

M. d'Harrouis. —Ainsi vous oserez mettre sur la scène jusqu'aux faux dévots....

Molière. — Oui, les faux dévots eux-mêmes : leur portrait est là (*se touchant le front*).... Mais celui des athées y est aussi, de ces hommes qui ne croient ni ciel, ni Dieu, qui passent cette vie en véritables bêtes brutes, se moquent des choses les plus saintes, tournent en raillerie ce que les autres hommes révèrent, traitent de niaiserie toute croyance, et font les esprits forts, parce qu'ils pensent que cela leur sied bien ; qui, pour toute foi, croient que deux et deux font quatre, et quatre et quatre font huit, dont la religion, enfin, n'est que l'arithmétique....

LE MARQUIS. — Pour moi, je suis constant au culte de mes pères : je n'ai d'inconstance qu'envers les femmes.

MOLIÈRE. — Eh! bien, la comédie vous prendra pour sujet....

LE MARQUIS. — Je le crois bien.... N'est-ce pas l'inconstance qui fait l'intrigue de toutes vos comédies.... C'est l'entraînement général.... Être fidèle, c'est s'ensevelir tout vivant dans une passion ; être mort, dès sa jeunesse, à toutes les autres beautés qui nous peuvent frapper les yeux!... La constance n'est bonne que pour se donner des ridicules.... Toutes les belles ont les mêmes droits sur nos cœurs.... Pour moi, la beauté me ravit partout où je la trouve.... J'ai beau être engagé, l'amour que j'ai pour une belle n'engage point mon âme à faire injustice aux autres.... Je conserve des yeux pour voir le mérite de toutes, et rends à chacune les hommages et les tributs auxquels la nature nous oblige.... Les inclinations naissantes ont seules des charmes inexplicables... Tout le plaisir de l'amour est donc dans le changement... On goûte une douceur extrême à réduire, par cent hommages, le cœur d'une jeune beauté, à voir de jour en jour les petits progrès qu'on y fait ; à combattre, par des transports, des larmes et des soupirs, l'innocente pudeur d'une âme qui a peine à rendre les armes ; à forcer pied à pied toutes les petites résistances qu'elle nous oppose ; à vaincre les scrupules dont elle se fait un honneur, et à la mener doucement où nous avons envie de la faire venir.... Mais lorsqu'on est maître une fois, il n'y a plus rien à dire, ni plus rien à souhaiter. Tout le beau de la passion est fini, et nous nous endormons dans la tranquillité d'un tel amour, si quelque objet nouveau ne vient réveiller nos désirs, et présenter à notre cœur les charmes attrayants d'une conquête à faire.... J'aime enfin la liberté en amour, et c'est aux belles à garder mon cœur autant qu'elles le pourront....

Mme DE SÉVIGNÉ. — Mais cela est affreux.... et sans doute vous n'avez voulu, pour me punir, que prouver qu'on peut tout dire.... Quoi qu'il en soit, tous ces jeunes seigneurs inconstants n'ont-ils pas, dans leurs essais de séduction, surtout en province, des familiarités dont la comédie peut s'emparer!.... Ainsi, ne savez-vous pas cette anecdote d'un certain duc de vos amis?.... Il se familiarisait avec une jeune femme fort jolie, fort spirituelle, de ce pays-ci; et, comme les familiarités devenaient un peu grandes, elle lui dit: — « Pour Dieu, monseigneur, votre excellence a la » bonté d'être trop insolente!.... »

M. D'HARROUIS.—Bravo!.... La réplique est excellente!...

LE MARQUIS. — Vous croyez....

MOLIÈRE. — Si l'inconstance des hommes mérite les honneurs du théâtre, l'infidélité des femmes ne doit pas en être exempte.... C'est le pendant, et le mal est peut être plus grand.... Cette infidélité, dans le ménage, n'imprime-t-elle pas au front d'un mari honnête homme, certaine marque qui prête à rire aux mauvais plaisants.... Beaucoup s'en fâchent, et moi je veux les convaincre qu'être trompé par sa femme ne fait aucun mal.... La jambe en devient-elle plus mal faite, la taille moins belle.... Peste soit celui qui, le premier, eut l'idée de s'affliger de cette vision cornue, et d'attacher l'honneur de l'homme le plus probe aux choses que peut faire une femme volage.... Vous riez.... et cependant, je le demande, est-il naturel que, si nos femmes font un commerce infame, on nous en punisse en nous marquant au front.... Elles font la sottise, et nous sommes les sots.... Assez d'autres chagrins tourmentent la vie: évitons-nous celui-ci....

LE MARQUIS. — Mais, en plaidant cette cause, vous ne

prêcherez que des gens convertis.... Voir courtiser sa femme est aujourd'hui la chose la plus commune pour tous les maris.... Demandez plutôt?....

M. d'Harrouis, *à Molière.* — Pensez-vous sérieusement ce que vous nous venez de dire?... J'en appelle à votre franchise?

Molière (*Sérieusement.*) — Vous en appelez à ma franchise.... Eh bien! non; je songeais à l'un de mes personnages; mais, au fond, je comprends la jalousie; et je voudrais que partout chacun fît une guerre mortelle à ces larrons d'honneur qui se font un jeu du repos d'un honnête homme....

M.me de Sévigné. — Du repos!.... Qui en a dans ce monde.... La vie est pleine de choses qui blessent le cœur... Nos esprits essaient en vain de se tenir tranquilles, le cœur les débauche sans cesse.... Dans quelque position qu'on soit, on a rarement du repos pour soi-même, quand on entre véritablement dans les intérêts des personnes qui nous sont chères et qu'on sent leurs chagrins peut-être plus qu'elles-mêmes.... Je dirai la même chose de la santé. A quoi sert-elle? A garder ceux qui n'en ont point.... Cela dit, quel avantage ont les hommes au-dessus des femmes dont tous les pas sont comptés et bornés....

Molière. Sans doute; mais si les femmes savaient à quels tourments elles nous livrent!....

M.me de Sévigné. — N'allez pas médire des femmes, Monsieur: les femmes valent leur pesant d'or, et si vous leur devez quelques tourments, vous leur devez bien aussi quelque peu du bonheur de cette vie. L'amour sera-t-il banni de votre répertoire dramatique?....

Molière. — L'amour seul n'y formera pas le développement comique d'une pièce; mais il doit s'y trouver empreint dans certaines scènes qui forment ainsi un contraste heureux ;.... non l'amour des sens, mais cet amour qui se dévoile par un soupir, un regard, la rougeur au front, qui s'explique plus encore par le silence que par les paroles, ou plutôt qui ne s'explique que par un mot.... Et que de choses enveloppées dans ce seul mot :.... J'aime !.... Et comment s'empêcher d'aimer quand toutes les femmes font d'être aimées la première affaire de leur existence.... Les plus cruelles souffrent les hommages qu'on adresse à leurs appas... Quoi qu'on en puisse dire, la grande ambition des femmes est d'inspirer de l'amour. Tous les soins qu'elles prennent ne sont que pour cela, et l'on n'en voit point de si fière qui ne s'applaudisse, en son cœur, des conquêtes que font ses yeux.... Malheureusement, si l'amour véritable satisfait la vanité des femmes, il est rarement le moyen de s'en faire aimer.... Etre étourdi, leur conter des fleurettes, voilà ce qui leur plaît.... La hardiesse réussit toujours, fut-elle même impertinente : il n'y a que les honteux et les timides qui ne réussissent à rien....

Le Marquis. — De Rességuier a déjà dit cela dans son *Aminte du Tasse :*

« . . . . Le respect près des dames
» Ne soulage jamais les amoureuses flammes,
» Et qui veut en amour tant soit peu s'avancer,
» Qu'il entreprenne tout sans crainte d'offenser. »

Molière (*en continuant comme s'il n'avait pas entendu le Marquis*). — L'amour est un poison qui court par toutes les veines, et ne laisse jamais en repos avec soi-même... Aimer, c'est ne rien voir autre chose dans le monde que celle qu'on aime, n'avoir qu'elle dans l'esprit, en faire tous ses soins, tous ses désirs, toute sa joie, ne parler que d'elle, ne penser qu'à elle, ne respirer que par elle, enfin vivre en elle...

Le Marquis. — C'est le mot de Henri IV à l'une de ses

maitresses : « Si je dors, mes songes sont de vous; si je » veille, mes pensées sont de même. »

Molière. — C'est le mot de tout homme qui aime. . Ah! si je connaissais quelqu'un amoureux, amoureux comme je sais qu'on peut l'être, je lui dirais : Pauvre homme! quelle diable de fantaisie t'es-tu allé mettre dans la cervelle? A quoi t'amuses-tu, misérable que tu es? Tu quittes le soin de ton négoce et tu laisses tes affaires à l'abandon, tu ne manges plus, tu ne bois plus, tu perds le repos de la nuit, et tout cela pourquoi? Pour une femme qui se moque de toi?...

M.me de Sévigné. — Ah! noble indifférence, où êtes-vous? Il ne faut que vous pour être heureux, et sans vous tout est inutile... Mais voilà qui est par trop lugubre pour un auteur comique... D'ailleurs, si la tendresse du cœur peut causer de telles peines, ah! gardons-nous de la rejeter ; car elle a aussi le privilége des excès de joie inconnus aux âmes indifférentes... Dans ces moments de bonheur, le cœur se serre, et l'on pleure sans pouvoir s'en empêcher : ce sont des larmes d'une douceur qu'on ne peut comparer à rien, pas même aux joies les plus brillantes... D'un autre côté, il n'est que trop vrai que la passion est toujours trop vive pour être constante... Voilà pourquoi, quoique femme et malgré vos tableaux, je préfère mille fois l'amitié à tous les charmes de l'amour... Je ne comprends pas le changement de goût pour l'amitié solide, sage et bien fondée. Quant à l'amour, c'est une fièvre trop violente pour durer, et il faudrait se désaccoutumer de s'attacher à ces vilains mortels... Ah! que c'est une grande imprudence!... Et cependant de quelles chaînes n'y sommes-nous point liées!

M. d'Harrouis (*à Molière*). — A mesure que je vous entends, ma surprise augmente... Comment l'homme qui a tant de verve sur la scène, comme acteur et comme auteur, est-il aussi morose, aussi mélancolique hors du théâtre ?

Molière. — C'est que l'homme chargé du pesant fardeau d'amuser les autres ne peut guère s'amuser lui-même... Et si sa tâche, tâche fort rude, est de faire passer plus rapidement la soirée de l'oisiveté ; ce temps reste bien lourd et bien long pour lui...

M.me de Sévigné. — Ne savez-vous pas que le temps passe, quoique sans plaisirs, et même avec des chagrins il nous emporte... La vie n'est que trop courte : on respire partout... Ce temps qui nous fâche de courir si vite, s'arrête quelquefois tout court, et enfin nous ne sommes jamais contents... Pour moi, ce que je redoute le plus dans le monde, c'est le défaut de bienveillance... J'aime les gens qui savent écouter avec douceur et confiance ; mais quand on ne peut jamais rien dire qui ne soit repoussé durement; quand on croit avoir pris les tours les plus gracieux, et que toujours ce n'est pas cela; qu'on trouve toutes les portes fermées sur tous les chapitres qu'on pourrait traiter ; que les choses les plus répandues se tournent en mystères ; qu'une chose avérée est une médisance et une injustice ; que la défiance, l'aigreur, l'aversion, sont visibles et sont mêlées dans toutes leurs paroles, en vérité cela serre le cœur... Les âmes franches et expansives ne s'accoutument point à ces chemins raboteux... Je ne connais qu'un moyen d'échapper à ces misères : quand je vois qu'on ne me veut point, il me prend aussitôt une envie toute pareille de ne m'en point soucier, et cela se rencontre le plus heureusement du monde... Il faut ainsi faire en amour...

Molière. — Je ne sache pas qu'on puisse professer, Madame, une philosophie plus aimable et plus profitable... Elle pourrait trouver place dans une *Ecole des Jeunes Gens*..

M. d'Harrouis. — Il y a mille choses à dire de la jeunesse. Je voudrais surtout qu'on lui montrât sa confiance irréfléchie... On ne croit alors relever que de Dieu et de son épée ; on ne trouve rien d'impossible ; tout cède, tout fléchit, tout est aisé... Mais il vient un temps où il faut changer de style. On trouve qu'on a besoin de tout le monde : on a un procès, il faut solliciter ; il faut se familiariser, il faut vivre avec les vivants, il faut rétrécir son esprit d'un côté et l'ouvrir de l'autre... Alors c'est aussi l'*Ecole des Vieillards*... Je ne puis souffrir que les vieilles gens disent : Je suis trop vieux pour me corriger. Je pardonnerais plutôt aux jeunes gens de dire : Je suis trop jeune... La jeunesse est si aimable, qu'il faudrait l'adorer, si l'âme et l'esprit étaient aussi parfaits que le corps ; mais, quand on n'est plus jeune, c'est alors qu'il faut se perfectionner, et tâcher de regagner par les bonnes qualités ce qu'on perd du côté des agréables... Toutefois, comme chacun doit recevoir le lot qui lui revient, je n'aime pas les airs de vos hommes à la mode, leurs contorsions, leurs paroles inutiles, leurs civilités à tout propos ; de sorte que leurs compliments sont les mêmes pour l'honnête homme et pour le fat... Quel prix attacher à leurs éloges, lorsque le premier faquin les obtient aussi facilement que l'homme de mérite... L'homme qui se sent l'âme haute et digne ne veut point d'une estime ainsi prostituée... Estimer tout le monde, c'est n'estimer personne...

Le Marquis. — Cependant l'usage veut une politesse générale... Les hommes ne vivraient pas si, à tout propos, ils se disaient ce qu'ils pensent les uns des autres...

M.me de Sévigné. — Mon cher Monsieur d'Harrouis, si l'on se gendarmait contre tout, mieux vaudrait se mettre la tête dans un sac où l'on n'entendrait rien de ce qui se passe sur la terre... Ce serait une belle chose de ne savoir vivre qu'avec les gens qui nous sont agréables...

Le Marquis. — La société est un bal perpétuel où l'on ne peut entrer que masqué et en domino...

M. d'Harrouis. —L'usage ne peut excuser le mensonge...

Mme de Sévigné (*à M. d'Harrouis*). — Je suis d'avis qu'il ne faut pas tenir les vérités captives; mais l'excès de votre principe conduirait loin.... Ainsi vous diriez à telle femme laide qu'il sied mal de singer la jeunesse et la beauté....

M. d'Harrouis. — Oui....

Molière. — Ah! bravo, Monsieur... C'est là un caractère peu commun.... (*à part*) et je m'en souviendrai.... (*haut*) mais n'espérez pas que la flatterie s'éloigne jamais du monde... Pour gagner les hommes, il n'est point de meilleure voie que de se parer de leurs maximes, encenser leurs défauts et applaudir à ce qu'ils font.... On n'a que faire d'avoir peur de trop charger la complaisance, et la manière dont on les joue a beau être visible, les plus fins toujours sont de grands dupes du côté de la flatterie; et il n'y a rien de si impertinent et de si ridicule qu'on ne fasse avaler lorsqu'on l'assaisonne de louanges.... et puisqu'on ne saurait les gagner que par là, il faut peut-être encore moins accuser ceux qui flattent que ceux qui veulent être flattés...

M.me de Sévigné. — Ainsi donc, passe pour la flatterie : il faut, d'ailleurs, trop d'application pour se garantir des louanges et des compliments... Mais si jamais vous mettez la niaiserie prétentieuse dans une de vos pièces, n'oubliez pas ce fils d'un gentilhomme d'Anjou qui me vint l'autre jour... Je vis d'abord un beau garçon, jeune, blond, un justaucorps boutonné en bas, un bel air dont je fus affamée... J'étais ravie de sa figure; mais, hélas! dès qu'il ouvrit la bouche, il se mit à rire de tout ce qu'il disait, et moi quasi à pleurer de m'être si cruellement trompée...

Voici un autre exemple de ce genre de physionomies trompeuses : un président m'est venu voir avec un fils de sa femme, qui a vingt ans, et que je trouvai, sans exception, de la plus agréable et la plus jolie figure que j'aie jamais vue, et que j'admirais qu'on pût croître en si peu de temps... Sur cela il sort de ce joli visage une voix terrible qui nous plante au nez, d'un air ridicule, que *mauvaise herbe croît toujours*.. Voilà qui fut fait, je lui trouvai des cornes : s'il m'eût donné un coup de massue sur la tête, il ne m'aurait pas plus affligée.... D'un autre côté, il ne faut pas nier que, s'il y a des hommes sottement prétentieux, il y en a aussi de tellement aimables, que, sachant écouter aussi bien que répondre, ils donnent toujours de l'esprit à qui leur parle ; et le leur est si aisé qu'on prend, sans y penser, une confiance qui fait qu'on parle de tout ce qu'on pense : je n'en connais qu'un petit nombre ainsi, il est vrai, tandis que je connais mille gens qui sont le contraire...

Molière. — Le plus grand nombre, en effet, s'est placé sous le patronage de ces femmes ridicules dont l'air précieux n'a pas seulement infecté Paris, mais qui se répand aussi dans les provinces ; de ces femmes qui, par délicatesse affectée, dans une niaise recherche d'expressions, discutent sur des riens, et n'ont qu'une vie puérile... S'irritant d'un ajustement simple et commode, d'un chapeau désarmé de plumes, d'une tête irrégulière en cheveux, d'un habit qui souffre l'indigence de rubans, elles ne veulent autour d'elles que ces jeunes muguets aux cheveux épais et longs qui d'un visage n'offrent plus l'apparence, et dont les costumes, en dehors de toute juste mesure, ont de petits pourpoints qui se perdent sous les bras, de grands collets qui tombent jusqu'au nombril, des cotillons comme nos femmes, des souliers mignons couverts de rubans, de grands canons où leurs jambes sont esclaves ; de sorte que ces Messieurs marchent équarquillés, ainsi que des volants... Sont-ils à table, leurs longues manches tâtent toutes les sauces.

M.me de Sévigné. — Absolument comme les manches de nos chevaliers bretons... Ah! qu'elles sont belles dans le potage et sur les salades... Il faut espérer que les dames auront l'envie, quelque jour, d'en avoir l'imitation...

Le Marquis. — Pourquoi non?

Molière. — Si, encore, là se bornaient leurs ridicules; mais leur vie, en dehors du sens commun, ne semble occupée qu'à faire des romans....

M.me de Sévigné. — Ah! pour ce qui est des romans, je m'avoue coupable, à leur exemple : je fais souvent des romans sans y penser. J'en suis aussi étonnée que M. le comte de Soissons, quand on lui découvrit qu'il faisait de la prose....

Molière. — Vous me permettrez bien, Madame, de ne pas accepter la comparaison... Hélas : loin d'avoir cette conversation si simple, si facile, si spirituelle, si aimable, si naturelle, qu'on ne peut s'empêcher d'admirer en vous, nos femmes précieuses, comme dit la Bruyère, laissent au vulgaire l'art de parler d'une manière intelligible... Pour tout ce qu'elles appellent délicatesse, sentiment et finesse d'expression, elles sont parvenues à ne plus être entendues, et à ne plus s'entendre elles-mêmes... Et c'est bien autre chose, quand ces dames s'avisent de faire les savantes.... Cette ambition littéraire dénature le caractère des femmes, les dégoûte des soins domestiques, et leur fait regarder les devoirs de leur sexe comme des préjugés vulgaires; elle leur inspire un orgueil despotique qui nuit à leur véritable puissance; enfin, elle les dépouille de toutes les armes que la nature leur a données pour entretenir l'équilibre entre les deux sexes : la douceur, la modestie, la pudeur, la naïveté, qualités charmantes qui assurent leur empire beaucoup mieux que la science et le bel esprit... Les femmes savantes qui renoncent aux avantages de leur sexe pour usurper ceux des hommes, sont aussi imprudentes que les belles qui adoptent les modes inventées par les laides.... Elles se font hommes pour plaire aux hommes, et semblent oublier que le penchant naturel d'un sexe pour l'autre n'est fondé que sur la différence qui existe entre les deux.....

M. d'Harrouis. — Ainsi notre duc de Bretagne avait raison lorsqu'il disait qu'une femme en savait assez, quand elle distinguait un pourpoint d'un haut de chausse...

M.me de Sévigné. — Il me semble qu'en fait de ridicules, nos savants, cousus de grec et de latin, ne le cèdent en rien à vos précieuses et à vos savantes...

M. d'Harrouis. — Peut être... Mais n'hésitez pas, Monsieur, à frapper du ridicule les pédants de toute sorte dont nous sommes inondés.... ces pédants universels, gonflés d'orgueil, dont la fausse science double la sottise naturelle..... ces pédants plus légers, qui font métier de tromper les sots par un vain babil et n'ont d'autre éloquence que celle des sophismes et des jeux de mots.... ces pédants du beau monde qui se font admirer par un bel esprit d'emprunt, ou s'admirent eux-mêmes dans les autres, et qui, sans instruction, sans talent, se croient des personnages très-utiles à l'état, parce qu'ils affectent d'adorer les arts, avec quelques connaissances superficielles qu'ils mettent à la place du sens commun .... ces pédants philosophes qui, sur l'analyse, trouvée dans leur gazette, de certains ouvrages qu'ils n'ont pas lus, se prétendent moralistes consommés ..... ces pédants d'imagination, qui ne rêvent qu'inventions, découvertes, plans, systèmes, projets, qui croient que c'est là l'essentiel, et qui comptent pour rien les mœurs, l'économie, la prudence, la probité et l'harmonie sociale..... ces pédants fanatiques, entêtés de leur grimoire, forcés de calculs, de méthodes, de formules, de problèmes; ces enthousiastes des sciences naturelles, physiques et mécaniques, qui s'imaginent que le salut d'une nation est dans leurs herbiers, leurs alambics, dans leurs coquilles, leurs machines, et qui regardent avec mépris les sciences bien plus importantes qui nourrissent l'âme, dirigent les mœurs, nous éclairent sur nos devoirs, sur nos vrais intérêts, et nous apprennent l'art de vivre, le premier de tous les arts....

Molière.—Eh! Monsieur, c'est là le monde tout entier...

Le marquis. — Ainsi Monsieur d'Harrouis, comme notre directeur ambulant, érige en doctrine le mépris de la science.

M. d'Harrouis. — Monsieur le marquis, s'élever contre l'abus de la science et le charlatanisme des faux savants, ce n'est pas faire profession de chérir l'ignorance... c'est, au contraire, parce que j'aime le bon esprit et la véritable science, que je ne puis souffrir ce triomphe de l'esprit faux, cette forfanterie de doctrine, cet étalage d'un pompeux jargon qui donnent à des sciences utiles l'appareil mystérieux des secrets cabalistiques, et en imposent aux simples avec une autorité qui fortifie, dans le monde, le rang de ceux qui se l'attribuent...

Molière. — C'est mon avis: un sot savant est sot plus qu'un sot ignorant....

M. d'Harrouis. — Il y a dans le nombre des marionettes de Dominique Segalla, un Arlequin de bois auquel on fait dire assez plaisamment : « Autrefois, les gens de qualité savaient tout sans avoir rien appris ; aujourd'hui, l'on apprend tout sans rien savoir.... » Aussi, loin d'ériger le mépris de la science en doctrine, je veux, Monsieur le marquis, de fortes et bonnes études dans la jeunesse... On crie beaucoup contre nos colléges. Sans doute il en sort de jeunes savants bien niais, bien ridicules, bien empesés : hérissés d'une érudition scolastique, ils ne ressemblent point, il est vrai, à nos jeunes hommes du monde, qui n'ont point fait d'études, qui ne savent rien, mais qui sont si lestes, si fringants, si effrontés avec les femmes, et qui, pour faire honneur à une éducation qu'ils n'ont pas puisée au collége, aiment mieux dire des impertinences aux demoiselles que de leur faire un compliment pédantesque. Mais, Monsieur le marquis, ces écoliers de vingt ans, si lourds, si embarrassés, si gauches, deviennent souvent à trente ans, quand la vanité n'en fait pas des pédants, des hommes estimables, des hommes sages et instruits : tandis que nos merveilleux du meme âge, qui ont tant d'ignorance et une si bonne tournure, deviennent souvent, dans les différents états de la société, des aigrefins sans principes, sans conduite, mauvais maris, mauvais pères et, par conséquent, mauvais citoyens..

M.me de Sévigné. — En voilà, je crois, assez sur la science et les savants.... arrivons à la peinture du grand monde. Nul ne l'exposera-t-il donc, tel qu'il est, avec tout son éclat factice : les habits rebattus et brochés d'or, pierreries, brasiers de feu et de fleurs ; embarras de carrosses, cris dans la rue, flambeaux allumés, reculement et gens roués ; le tourbillon, la dissipation, les demandes sans réponses, les compliments sans savoir ce que l'on dit, les civilités sans savoir à qui l'on parle, les pieds entortillés dans les queues.... Mon Dieu, que de folies dans le monde ! Il me semble que je vois quelquefois les loges et les barreaux devant ceux qui parlent et agissent, et je ne doute pas aussi qu'ils ne me voient de la même façon... Et cela me ramène à vos femmes ridicules : pour moi, je leur pardonne volontiers leurs travers, car elle me font rire, et voilà tout ; tandis qu'il y a des femmes que rien ne saurait excuser, et qui, cependant, sont chaque jour entourées d'hommages, lorsqu'il faudrait se cottiser pour les assommer à frais communs.... Vous souriez.... oui, entendez-le bien, qu'il faudrait assommer.... La perfidie, la trahison, l'insolence, l'effronterie sont les qualités dont elles font l'usage le plus ordinaire, et l'infâme malhonnêteté est le moindre de leurs défauts. Au reste, pas le plus léger sentiment, je ne dis pas d'amour, mais je dis de la plus simple amitié, de charité naturelle, d'humanité; enfin ce sont des monstres, mais des monstres qui parlent, qui ont de l'esprit, qui ont un front d'airain, qui sont au-dessus de tout reproche, qui prennent plaisir de triompher et d'abuser de la faiblesse humaine, et qui étendent leur tyrannie sur tout ce qui les entoure... Quelle différence avec ces femmes bonnes et modestes dont l'ostentation même, quand la fortune les a haut placées, n'offense point l'orgueil des autres, quand elles remplissent une dignité bien acquise : c'est que ce n'est point de l'ostentation ni de l'orgueil, et qu'on rend justice à un noble cœur....

MOLIÈRE. — Voilà une délicieuse opposition de portraits.... c'est la femme complète...

M.me DE SÉVIGNÉ. — Non : il manque une figure au tableau, et la plus révoltante : celle de la femme avare... Voyez cette madame de Meckelbourg : je la renonce comme femme.... Comment peut-on, en face de l'humanité, être riche et ne pas donner?... Comment peut-on garder tant d'or, tant d'argent, tant de meubles, tant de pierreries, au milieu de l'extrême misère des pauvres.... oui, avare pour les pauvres, avare pour ses domestiques, avare pour elle-même, car elle se laissait quasi mourir de faim.... J'en veux à cette frénésie de l'esprit humain.... Quelle différence avec le bon M. d'Harrouis....

M. D'HARROUIS. — Vous allez encore recommencer, Madame : je mets sur votre conscience tout le bien que vous dites sur mon sujet....

M.me DE SÉVIGNÉ. — C'est la seule personne que j'aye vue qui exerce sans contrainte la vertu de la libéralité... Il donne, il jette, il habille, il nourrit les pauvres. Si on lui demande une pistole il en donne deux.... Je n'avais fait qu'imaginer ce que je vois en lui....

M. D'HARROUIS (*avec impatience*). — Si cela continue, je me fâche sérieusement....

M.me DE SÉVIGNÉ (*avec amitié*). — Impossible... Cela vaut mieux que l'avarice d'un certain abbé dont l'on me disait ici fort naturellement : « Enfin, Madame, c'est un homme qui mange de la merluche toute sa vie, pour manger du poisson après sa mort. » ...Je trouvai cela fort plaisant, et j'en fais l'application à toute heure : les devoirs, les considérations nous font manger de la merluche toute notre vie, pour manger du poisson après notre mort.

MOLIÈRE. — Je suis de votre avis, Madame : il n'est rien de plus sec, de plus aride que le cœur de l'avare. Aucun service ne peut pousser sa reconnaissance jusqu'à lui faire ouvrir les mains. De la louange, de l'estime, de la bienveillance en paroles, tant qu'on voudra ; mais donner est un mot pour qui l'avare a tant d'aversion, que j'en connais un qui ne dit jamais : Je vous donne ; mais je vous prête le bonjour... Il aime l'argent plus que réputation, honneur et vertu.

M.me DE SÉVIGNÉ. — Pour moi, je suis forcée.... forcée de mettre ici en pratique une vertu fort opposée : c'est la libéralité.... J'ai vraiment donné de trop grosses sommes depuis mon arrivée : un matin, 800 francs ; l'autre 1000 francs ; l'autre, 5 ; un autre jour, 300 écus : il me semble que ce soit pour rire... et ce n'est que trop une vérité. Je trouve des métayers et des meuniers qui me doivent toutes ces sommes, et qui n'ont pas un unique sou pour les payer... Que fait on ?... Il faut bien leur donner ?... Vous croyez bien que je n'en prétends pas un grand mérite, puisque c'est par force... Je vis arriver l'autre jour une belle petite fermière, voisine du Buron, avec de beaux yeux brillants, une robe de drap de Hollande découpée sur du tabis, les manches tailladées. Ah! Seigneur! je me crus ruinée: elle me doit 8000 francs; mais ce n'est que partie remise.... Hier matin, il entre un paysan avec des sacs de tous côtés: il en avait sous ses bras, dans ses poches, dans ses chausses; car, en ce pays, c'est la première chose qu'ils font que de les délier. Je crus que j'étais riche à jamais. — Ah! mon ami, vous voilà bien chargé, combien apportez-vous? — Madame, dit-il en respirant à peine, je crois qu'il y a bien trente livres en tout... C'étaient tous les sous de France qui s'étaient réfugiés en Bretagne avec les chapeaux pointus, et qui abusent ainsi de ma patience..... Une bonne comédie n'apprendrait-elle pas à solder ses dettes...

Molière. — Apprendre à se faire payer n'est pas de notre ressort; car il faudrait conseiller de plaider et, plutôt que d'engager à plaider, je dirais: donnez tout pour vous sauver des mains de la justice... Qu'on jette, en effet, les yeux sur ses détours... Qu'on voye combien d'appels et de degrés de juridiction! Combien de procédures embarrassantes! Combien d'animaux ravissants par les griffes desquels il faut passer: huissiers, procureurs, notaires, avocats, greffiers, substituts, rapporteurs, juges... Il n'y a pas un de tous ces gens-là qui, pour la moindre chose, ne soit prêt à donner un soufflet au meilleur droit du monde... Que quiconque le pourra se sauve de cet enfer!... C'est être damné dans ce monde que d'avoir à plaider... Pour plaider, il faut de l'argent à l'exploit; il en faut pour le contrôle; il en faut pour la procuration, pour la présentation, les conseils, les productions, les journées du procureur; il en faut pour les consultations et les plaidoieries des avocats, pour le droit de retirer les pièces; il en faut pour le rapport des substituts, pour les épices de conclusion, pour l'enregistrement du greffier, façon d'appointements, sentences et arrêts, contrôles, signatures, et expéditions de leurs clercs..., sans compter les soins, les pas, les chagrins, les sottises à essuyer, et que disent, devant tout le monde, de méchants plaisants d'avocats...

Mme de Sévigné. — Bien ! bien ! à propos de mes fermiers, voilà un admirable procès fait à la justice elle-même; mais, puisque vous êtes en si bon train, ne pourriez-vous employer la comédie pour réformer les procédés de Messieurs nos juges, et obtenir la suppression de ces exécutions terribles qui donnent mille morts à un patient? Une seule ne suffirait-elle pas pour la punition du crime?... Ces jours derniers, une malheureuse femme fut condamnée à être brûlée... Comme je disais à l'un de ses juges que c'était une étrange chose que de la faire brûler à petit feu, il me répondit : « Ah! Madame, il y a certains petits adoucissements à cause de la faiblesse du sexe. — Eh! quoi, Monsieur, on les étrangle? — Non, mais on leur jette des bûches sur la tête ; les garçons du bourreau leur arrachent la tête avec des crocs de fer... » Cette réponse me fit grincer les dents...

Molière. — Eh ! Madame, comment voulez-vous que la comédie corrige de telles atrocités, quand la foule recherche, avec une sorte de jouissance frénétique, cet épouvantable spectacle... Et quelle scène peut impressionner plus fortement que celle du supplice lui-même!...

Mme de Sévigné. — La réponse n'est que trop juste... Mais, à force de chercher des sujets et de nous faire donneurs de conseils, nous arrivons au dernier grain de notre chapelet, quoique vous ne soyez pas, on le voit bien, Monsieur, de ces gens à qui l'étoffe manque, et qui voient à tout moment le bout de leur esprit...

Molière. — D'ici long-temps je n'épuiserai, dans mes comédies, les ridicules de la société... N'ai-je pas ces hommes qui semblent renfermer en eux seuls toute la perversité humaine, séducteurs perfides, amants infidèles, époux adultères, débiteurs insolvables, duellistes audacieux, seigneurs insolents, maîtres tyranniques, railleurs cruels, fils dénaturés, fourbes effrontés, n'ayant de lois que celles de leurs caprices, et de maximes que celles de la débauche et du plaisir, hypocrites audacieux, bravant à la fois les dieux et les hommes ?... N'ai-je pas ces femmes qui, pourvu qu'elles ne fassent pas l'amour, croient que tout le reste leur est permis, et qui se retranchent toujours fièrement dans leur pruderie ?... ou bien, ces femmes qui pensent être les plus vertueuses du monde, pourvu qu'elles sauvent les apparences, qui croient que le péché n'est que dans le scandale, qui veulent conduire doucement les affaires qu'elles ont sur le pied d'attachement honnête, et appellent amis ce que les autres nomment galants ?.... ou bien encore de ces femmes qui prêtent dévotement des charités à tout le monde, donnent toujours le petit coup de langue en passant, et seraient bien fâchées qu'on eût dit du bien du prochain ?..... N'ai-je pas ces jeunes hommes à la mode, qu'on voit venir avec cet air qu'on nomme le bel air, peignant et bouclant leurs longs cheveux, grondant une chanson entre les dents, marchant avec cette effronterie qui semble dire: Rangez-vous donc, vous autres! en affectant une manière particulière pour se distinguer du commun, avec un ton de poule-laiteux, quelques brins de barbe relevés en barbe de chat, et les estomacs débraillés ?..... N'ai-je pas ces maris maussades qui, toujours aimables dans le monde, ne rentrent jamais chez eux sans gronder, et traitent avec la même rudesse, femmes, enfants et valets ?... N'ai-je pas ces hommes menteurs qui se font les plus grandes amitiés du monde, et le dos tourné, font galanterie de se déchirer l'un l'autre ?.... Et ces adulateurs à outrance, qui n'assaisonnent d'aucun sel les louanges qu'ils donnent, et dont toutes les flatteries ont une douceur fade qui fait mal au cœur à ceux qui les écoutent ?..... N'ai-je pas ces lâches courtisans de la faveur qui vous encensent dans la prospérité et vous accablent dans l'infortune ?.... N'ai-je pas aussi, par contraste, ces mécontents quand-même, ces déclamateurs éternels, ces novateurs chagrins, qui voudraient trouver des anges dans les hommes, et sont des diables envoyés sur la terre pour y souffler le désordre?...., et ceux qui, tranchant, décidant sur tout ce qu'ils ignorent, extravaguent sur la morale, la littérature, ont de l'esprit toujours, et jamais le sens commun?..... Et ces grands nouvellistes, véritables fléaux du monde, qui cherchent partout où répandre les contes qu'ils ramassent, ramassent toutes les méchantes plaisanteries, savent la politique mieux que la gazette, savent les secrets du ministère mieux que les ministres eux-mêmes, nous apprennent les ressorts cachés de tout ce qui se fait, et remuent à leur fantaisie toutes les affaires de l'Europe?...... N'ai-je pas le sot orgueil des petits poètes et le charlatanisme de leurs lectures, qui ne cessera que lorsque le nombre des sots, martyrs volontaires de ces auditions, ne sera plus aussi considérable?.... N'ai-je pas ces marchands enrichis qui, pour singer du gentilhomme, deviennent ridicules en oubliant qu'ils ont été simples et modestes avant de faire fortune?... Et ces parleurs éternels qui accumulent des mots sans rien dire?... et ces êtres insaisissables qui, de la tête aux pieds, sont tout mystère, ont toujours l'air plongé dans leurs réflexions, font une affaire de la moindre vétille, et, jusqu'au bonjour, disent tout à l'oreille?... et ces gens extrêmes qui, trouvant trop étroites les bornes de la raison, gâtent les plus nobles choses en les outrant, en les poussant trop avant, et ne restent jamais dans la juste nature?.... et ces inutiles du grand monde, dont les discours ne sont que chevaux, équipages, chasses et chiens?... et ces autres, dont l'esprit stupide, ne sachant entrer dans une conversation qu'avec des lieux communs, vous parlent sans cesse du beau temps et de la pluie, du froid et du chaud?... et ceux-ci, gonflés, dans leur orgueil, de l'amour d'eux-mêmes, qui ne sont contents de rien?... et l'esprit contrariant, le railleur, le médisant, le dissipateur, le méchant?... N'ai-je pas ces gens de lettres de toute sorte, aux grimaces savantes et aux raffinements ridicules, avec leurs friandises de louanges, leurs ménagements de pensées, leur trafic de réputation, et leurs ligues offensives et défensives, aussi bien que leurs guerres d'esprit et leurs combats de prose et de vers; ces écrivains de tout étage qui, pour être imprimés et reliés en veau, se croient dans l'état des personnages importants, s'imaginent qu'avec leurs plumes ils font les destins des couronnes, et qu'au moindre bruit de leurs livres, les pensions et les dignités doivent leur arriver; riches, pour tout mérite, en babil importun, inhabiles à tout, pleins de ridicules et d'impertinences?... N'ai-je pas enfin la vanité générale?.....

M.me DE SÉVIGNÉ. — Oh! Corrigez-la; car on est quelquefois empêtré dans son orgueil, et c'est une belle charité que d'en tirer une créature qui ne sent peut-être pas son tort.... Mais, en vous écoutant, Monsieur, on s'anime, en vérité, de votre imagination, et, sans parler de ces caractères indécis, si difficiles à saisir, qui glissent des mains alors qu'on y pense le moins, vous avez encore ces fous passionnés qu'on aime à cause même de leur folie; car celle-ci ne vient point de la tête, mais du cœur: leurs sentiments sont tout vrais, sont tout faux, sont tout froids, sont tout brûlants, sont tout fripons, sont tout sincères; enfin leur cœur est fou..... Et ces jolies femmes, tellement recueillies dans leur beauté, qu'elles ne disent précisément que les choses qui leur siéent bien, mais qui ne peuvent parler communément d'affection sur quelque chose.... Et tous ces gens qui dépensent sans rien posséder, cette gueuserie qui me paraît une sorte de magie noire: ils n'ont jamais un sou, on ne sait d'où ils peuvent en tirer, et ils sont de tous les voyages, de toutes les campagnes, suivent toutes les modes, sont de tous les bals, de toutes les courses de bagues, de toutes les loteries, et vont toujours quoiqu'ils soient abymés. J'oubliais le jeu, qui est un bel article : les terres se vendent, les revenus diminuent : n'importe, on va toujours ; et pourtant, quel malheur de cœur et d'esprit que d'avoir des dettes : ceux qui nous pressent sont pressants ; ceux qui ne nous pressent point le sont encore davantage ; car la conscience est là pour se rappeler qu'on leur doit...... Mais, lorsque nous cherchons des portraits dans nos souvenirs et dans notre imagination, ici même, Monsieur, sous vos yeux, n'avez-vous pas un noble et grave caractère à peindre, un de ces caractères généreux dont l'éloge est dans toutes les bouches. Tout le monde ici ne raconte-t-il pas comment M. d'Harrouis, ce digne et vertueux magistrat, s'embarquait, aux Etats de Bretagne, à payer cent mille francs de plus qu'il n'avait de fonds, et trouvait que cela ne valait pas la peine de le dire. Un de ses amis s'en aperçut, et ce ne fut alors qu'un cri de toute la Bretagne jusqu'à ce qu'on lui eût fait justice....

M. D'HARROUIS. — Madame !

LE MARQUIS. — C'est la vérité...

M.me DE SÉVIGNÉ. — Il est adoré partout, et c'est avec raison.... Sa passion outrée, c'est de faire plaisir à tout ce qui l'approche ; c'est sa folie : il trouve de l'impossibilité à refuser, et cependant sa franchise va, parfois, jusqu'à la rudesse...

M. D'HARROUIS. — Voilà qui est vrai....

M.me DE SÉVIGNÉ. — Voilà les magistrats qu'il faut recommander à l'estime générale ; car ils sont du petit nombre de ces hommes qui ne marchandent jamais avec le vice. Or, si le devoir de la comédie est de flétrir les vices, ce devoir est aussi de recommander les vertus publiques.... Vous trouverez ici plus d'un portrait de ce genre, Monsieur... J'aime nos Bretons... Ils sentent un peu le vin, mais ils ont de si bons cœurs...

M. D'HARROUIS. — Dieu merci, voici mon supplice terminé..... Mais il est temps de partir, vous savez, Madame, qu'on vous attend au château, et le marquis n'est venu que pour vous y conduire...

LE MARQUIS. — (*présentant la main à M.me de Sévigné.*) Je suis, belle dame, tout à vos ordres, et sans rancune de quelques petites attaques...

M.me DE SÉVIGNÉ. — Allons, partons donc....

M. D'HARROUIS. — Et moi, Monsieur, si vous voulez bien m'attendre ici quelques instants, je vais chercher ce que vous désirez, l'autorisation de continuer les représentations de vos comédies dans notre ville.

MOLIÈRE. — Je n'oublierai pas l'accueil que je reçois à Nantes. Ailleurs, on semble oublier qu'une déclaration du roi, relative aux comédiens, veut « que leur exercice, qui » peut innocemment divertir les peuples de diverses occu- » pations mauvaises, ne puisse être imputé à blâme, ni préju- » dicier à leur réputation dans le commerce public. » Mais on respecte assez peu l'édit royal... Aujourd'hui je trouve chez des personnes du plus noble caractère et de l'esprit le plns distingué (*le marquis salue avec fatuité*), une bienveillance et un appui qui resteront éternellement dans ma mémoire....

M. D'HARROUIS. — Que vous fait, Monsieur, cette prévention : votre conscience et votre talent valent mieux que cette prétendue estime publique, que la calomnie d'un seul homme adroit suffit pour rendre inconstante...

MOLIÈRE. — Le mépris, voyez-vous, Monsieur, est une pilule qu'on peut bien avaler; mais qu'on ne peut guère mâcher sans faire la grimace....

Mme DE SÉVIGNÉ. — C'est nous quitter avec une sentence... Adieu, Monsieur, je souhaite, je fais plus, j'espère vos succès, je fais des vœux pour votre avenir, et je suis sûre de vous revoir bientôt sur un plus vaste théâtre... (*Molière salue; Mme de Sévigné et le Marquis sortent; M. d'Harrouis ne s'éloigne qu'après avoir pressé cordialement la main de Molière.*)

VII.

MOLIÈRE, *seul.* — Quelle journée!... Que d'observations, et dans une heure seulement... Ah! cette étude, à laquelle je me livre partout, et sans cesse, cette étude, c'est mon avenir.... (*Regardant son carnet, qu'il a toujours tenu à la main.*) Le monde est là, et un mot y sera plus tard, pour moi, tout un sujet, en rappelant tous mes souvenirs... Le travers de l'un, le ridicule de l'autre, la manie de celui-ci, la vertu de celui-là, rassemblés, médités, concourent à l'ensemble de mes caractères... Je n'ai rien fait encore, et les gens qui applaudissent mes essais bouffons ou ceux qui les regardent en pitié, les esprits élevés qui méprisent mes excursions dans la province, ne savent pas que ces essais contiennent les germes des ouvrages que je présenterai plus tard; que ces voyages, dans lesquels chaque jour ainsi m'offre des lieux nouveaux, des physionomies nouvelles et variées, des scènes à chaque pas différentes, des noms heureux ou plaisants, ces voyages sont la mine inépuisable où je prends mes sujets... Mais aurai-je le temps de produire ce qui est gravé là (*portant la main à son front*)... Hélas! je compte bientôt mes vingt-six années, et cette physionomie, burlesque à la scène, mais si grave et si réfléchie dans le monde, annonce déjà un âge plus avancé... Est-ce l'avertissement d'une rapide existence !... Je ne sais ; mais jamais peut-être mes projets ne s'étaient mieux rassemblés qu'aujourd'hui : cette femme spirituelle, aimable, si vive dans ses portraits et dans ses réparties ; ce magistrat austère et vertueux, qui ne saurait feindre dans ses paroles ; leurs conseils, leurs critiques, leurs compliments ; quelques-uns des personnages qui tout-à-coup m'ont rappelé plusieurs de ceux dont je compte faire usage ; tout m'a semblé mettre en action une foule de caractères dont cent fois je me suis préoccupé, et dont je trouve partout quelques ressemblances.... Je ne parle pas de mon *Etourdi*, du *dépit amoureux*, mes premières comédies en vers : elles sont faites déjà, et je n'attends que la ville qui m'offrira un théâtre convenable pour les essayer ; mais combien d'autres sujets se présentent en foule à mon imagination ! Ces femmes précieuses, dont le jargon inintelligible passe cependant pour un langage de bon ton ; ces maris confiants, dont Térence ne m'a donné que l'idée, et dont chaque observation me fournit d'amples modèles ; ces femmes naïves que la défiance rend souvent plus coupables que leur cœur ; ces femmes savantes, dont les travers prétentieux font sourire de pitié ; puis l'avarice, la fausse dévotion, la coquetterie, la bonhomie, l'excès de la franchise et l'excès de la politesse.... Oh ! tout cela n'est pas seulement en projet dans mes notes écrites... Il me semble que, dans ma tête, chaque personnage agit, parle, comme je suis sûr de le faire parler et agir sur la scène.....

Mais M. d'Harrouis tarde bien.... (*Il s'assied dans un fauteuil*).... La fatigue m'accable.... En attendant, revoyons le manuscrit de mon *Etourdi* : — Acte 3.e, scène 1.re, Mascarille :

« Taisez-vous, ma bonté, cessez votre entretien ;
» Vous êtes une sotte et je n'en ferai rien....
» Oui, vous avez raison...

Je ne continuerai pas... je suis anéanti... Le sommeil m'emporte malgré moi... (*Il s'endort. — Dans un songe, tout son avenir lui apparaît : la toile du fond se lève, une gloire descend sur le théâtre, les nuages s'écartent. La statue de Molière telle qu'elle est sous le péristyle du théâtre de Nantes, apparaît entourée de tous les personnages de ses comédies, et le Tartufe et le Misantrope déposent ensemble à ses pieds la couronne immortelle... Molière se réveille en sursaut ; mais tout a disparu.... Il se lève brusquement*).... Quel rêve !... Est-ce la postérité ?... Il m'a semblé entendre une voix qui me criait : « Courage, Molière, courage ! ».... (*Avec abattement.*) Courage ! (*Il se rassied*) et je ne suis encore qu'un pauvre comédien ambulant sur le théâtre de Nantes..... Ah ! qu'importe !... La volonté, le travail, le génie peut-être, réaliseront ce rêve.... Et je n'oublierai pas que Nantes a donné la première couronne à Molière ..

CAMILLE MELLINET.

DE L'IMPRIMERIE DE CAMILLE MELLINET, A NANTES.

www.ingramcontent.com/pod-product-compliance
Ingram Content Group UK Ltd.
Pitfield, Milton Keynes, MK11 3LW, UK
UKHW021027180726
13838UKWH00004B/1644